Crealibri è un marchio Gruppo Edicart
Via Jucker, 28 - Legnano (MI) - Italia
Titolo originale: *The Jungle Book*
Illustrazioni di *Federica Frenna*
Testi tratti da *The Jungle Book* e *The Second Jungle Book* di Rudyard Kipling

www.edicart.it

Il Libro della Giungla

Rudyard Kipling

Un libro Cerca e Trova

Illustrato da *Federica Frenna*
Adattamento testi di *Sarah Powell*

Con un'introduzione di *John Walker, the Kipling Society*

CREALIBRI

Rudyard Kipling
1865-1936

Joseph Rudyard Kipling è uno degli scrittori inglesi più conosciuti, citati e ammirati. Nato a Bombay, in India, visse con i suoi genitori fino all'età di cinque anni, poi fu mandato in Inghilterra, insieme alla sorellina, per scongiurare il contagio di malattie tropicali e poter iniziare la scuola.

Era accudito da famiglia adottiva, ma era molto infelice. Dopo quattro anni in un collegio a Southsea, a sedici anni Rudyard tornò in India per lavorare come giornalista. Aveva già iniziato a scrivere racconti e poesie, e fu presto riconosciuto come un nuovo talento.
Al suo ritorno in Inghilterra nel 1889, le sue opere attirarono l'attenzione di scrittori e critici e conquistarono un buon pubblico di lettori. Nel 1892 si sposò e si trasferì negli Stati Uniti d'America per restare vicino alla famiglia della sua nuova moglie, nel Vermont, dove scrisse *Il Libro della Giungla* e *Il secondo Libro della Giungla*. Seguì *Capitani Coraggiosi* e molte delle storie di *Just So Stories* raccontate alle sue due figlie. La sua reputazione crebbe rapidamente e ricevette elogi dalle più famose celebrità internazionali.

Nel 1907 Kipling ricevette premio il Nobel per la letteratura, ed è a oggi il più giovane destinatario in assoluto del prestigioso premio in inglese. Pubblicò in seguito *Le meravigliose storie di Puck*, oltre a *Just So Stories* e *Kim*, ancora oggi molto apprezzate dai giovani lettori. In seguito alla perdita di suo figlio John, durante la prima guerra mondiale, Kipling lavorò con la War Graves Commission e continuò a scrivere prose e versi di grande successo fino alla sua morte. Kipling fu sepolto all'Angolo dei Poeti nell'Abbazia di Westminster, a Londra.

Il Libro della Giungla
1894

Oltre alla sua poesia *Se*, Rudyard Kipling è conosciuto soprattutto per i due libri della giungla. Kipling scrisse le storie, pubblicate poi nei due libri quando si era appena sposato e viveva nel Vermont, probabilmente pensando a sua figlia, la piccola Josephine.
Narrano degli animali della giungla, dalle scimmie agli sciacalli, a un vecchio cobra, una famiglia di lupi e una mangusta chiamata Rikki-Tikki-Tavi. In queste storie vive le sue avventure un bambino chiamato Mowgli (pronunciato "Maow-glee"), che vive nella giungla con la sua famiglia di lupi e i suoi amici animali.

Sono sempre presenti Bagheera, una pantera nera coraggiosa e protettiva, Shere Khan, una terrificante tigre mangiatrice di uomini, e un vecchio e amorevole orso di nome Baloo. Inoltre un enorme pitone, Kaa, le scimmie e gli elefanti, maestosi e saggi.

Illustrato dal padre di Rudyard, John Lockwood, *Il Libro della Giungla* è stato pubblicato nel 1894 e *Il Secondo Libro della Giungla* nel 1895. Entrambi i libri sono divenuti rapidamente best seller in tutto il mondo e sono stati tradotti in molte lingue. Sebbene le storie siano state scritte più di 120 anni fa, sono tuttora lette ed apprezzate da giovani lettori di tutto il mondo.

John Walker, the Kipling Society

I Personaggi

Nel tuo Libro della Giungla ci sono tanti personaggi interessanti da scoprire nelle pagine dei Cerca e Trova: da Mowgli, il cucciolo d'uomo, alla sua famiglia di lupi, dall'orso Baloo che lo educa alla vita nella giungla a Bagheera, la pantera nera che lo difende... fino alla terribile tigre Shere Khan!

MOWGLI,
IL CUCCIOLO D'UOMO

"Egli *cresceva* a vista d'occhio, forte *come* può diventare un *ragazzo* che ignora l'obbligo dello studio, e non ha nessun altro pensiero al mondo se non di procurarsi da mangiare."

L'ORSO BALOO

BAGHEERA,
LA PANTERA NERA

"Come la liana cinge il tronco dell'albero, la Legge abbraccia passato e presente. Poiché la forza del Branco è nel Lupo e la forza del Lupo è nel Branco."

LA FAMIGLIA DI LUPI
DI MOWGLI

AKELA, IL CAPO DEL
BRANCO DEI LUPI

TABAQUI LO SCIACALLO

“Queste sono le Leggi della Giungla, e molte e rigorose esse sono. Ma la testa e lo zoccolo della Legge, e l’anca e la gobba è: obbedisci!”

SHERE KHAN LA TIGRE

MANG IL PIPISTRELLO

CHIL L’AVVOLTOIO

KAA IL PITONE

LE SCIMMIE

L’attacco della tigre

Una famiglia di boscaioli si accampa di notte nella giungla. Shere Khan la tigre guarda e aspetta, poi attacca con un tremendo ruggito. Tabaqui intanto cerca cibo qua e là, ma il taglialegna spaventa entrambi con il fuoco. Il piccolo Mowgli fugge nella foresta, ma si perde. Una famiglia di lupi lo scopre, e Mamma Lupo decide di adottare il cucciolo d’uomo come fosse un suo cucciolo...

Cerca e trova:

MOWGLI È IMPAURITO!

4 SGABELLI

TABAQUI LO SCIACALLO

UNA PENTOLA ROVESCIATA

SHERE KHAN RUGGISCE

L’ASCIA DEL BOSCAIOLO

LA MAMMA DI MOWGLI

LA TORCIA ACCESA

BABBO LUPO

8 SCIMMIETTE

Il consiglio dei lupi

Mowgli viene presentato al branco di lupi, da cui il cucciolo d'uomo dovrà essere accettato. Akela chiede chi si prenderà cura di lui, ma Shere Khan ruggisce e afferma che il bambino è suo. Bagheera, si offre per proteggere Mowgli, e il vecchio orso Baloo di insegnargli la Legge della Giungla. Akela accetta il cucciolo d'uomo nel branco dei lupi. Shere Khan se ne va ruggendo e promettendo vendetta, e Mowgli torna a casa con la sua nuova famiglia: mamma e babbo lupo e 4 fratellini lupetti...

Cerca e trova:

MOWGLI È FELICE!

BABBO LUPO

AKELA, IL CAPO DEL BRANCO DI LUPI

UN LUPETTO

BAGHEERA, LA PANTERA NERA

UNA SCIMMIA CURIOSA

L'ORSO BALOO

TABAQUI IL FICCANASO

MAMMA LUPA

SHERE KHAN SEMPRE PIÙ ARRABBIATA!

Mowgli, il cucciolo d'uomo

Mowgli gioca con il branco di lupi! Mamma lupo gli insegna a ululare. Babbo lupo gli insegna a cacciare... Un fratellino lupetto gli insegna a nuotare, e la sua sorellina lupetta a saltare! Mowgli tutti i giorni corre con il branco di lupi, cresce e diventa grande e forte. Intanto Shere Khan aspetta paziente...

Cerca e trova:

MOWGLI NUOTA NEL LAGHETTO

UN SUO FRATELLINO LUPO SI TUFFA

BAGHEERA DORME TRANQUILLA

UN LUPETTA SALTA DA UNA RUPE

IL GOLOSO BALOO

SHERE KHAN LA TIGRE

MAMMA LUPA ULULA

TABAQUI CERCA QUALCOSA

BABBO LUPO VA A CACCIA

2 SCIMMIETTE

La Legge della Giungla

Baloo insegna a Mowgli la Legge della Giungla e le Parole d'Ordine dei Popoli della Giungla perché possa parlare con gli animali, per esempio il Popolo dei Serpenti e degli Uccelli. Bagheera mostra a Mowgli come arrampicarsi, fino a quando lui è esausto. Intanto il Popolo delle Scimmie li spia da dietro gli alberi. Ma Bagheera è vigile, e sorveglia Mowgli anche mentre dorme...

Cerca e trova:

MOWGLI APPESO A UNA LIANA

5 SCIMMIETTE SPIONE

UN PAPPAGALLO VERDE

UN NIDO DI API

BAGHEERA OSSERVA DIVERTITA

TABAQUI CURIOSA QUA E LÀ

4 RANOCCHIE VERDI

CHIL L'AVVOLTOIO

KAA IL PITONE

LE FARFALLE COLORATE

Scimmie dispettose!

Le scimmie rapiscono Mowgli, e in una folle corsa saltano di ramo in ramo lanciandosi il cucciolo d'uomo. Bagheera le insegue ma non riesce a tenere il passo e le scimmie scompaiono tra gli alberi... Ma Mowgli lassù in alto vede Chil l'Avvoltoio: conosce le Parole d'Ordine del Popolo degli Uccelli e parla con lui, che dice a Baloo e Bagheera dov'è Mowgli. I due fanno un piano, ma serve l'aiuto di Kaa il Pitone...

Cerca e trova:

MOWGLI RAPITO DALLE SCIMMIE

UN BUCERO

DUE SCIMMIE CHE BALZANO TRA I RAMI

2 COLEOTTERI NERI

UNA SCIMMIA... A RIGHE!

BAGHEERA ALL'INSEGUIMENTO

TABAQUI OSSERVA DIVERTITO

5 LUCERTOLE COLORATE

UN CAMALEONTE INDIANO

CHIL L'AVVOLTOIO

Kaa il Pitone

Baloo e Bagheera chiedono aiuto a Kaa, il gigantesco pitone temutissimo dalle scimmie, per salvare Mowgli. Kaa ascolta e poi accetta. Sa dove vivono le scimmie. Mang il Pipistrello si unisce a loro e Chil l'avvoltoio li aiuta a trovare le Tane Fredde, l'antica città perduta nella giungla dove vivono le scimmie.
Bagheera salta di albero in albero, Baloo corre più che può e Kaa scivola veloce e silenzioso tra i rami...

Cerca e trova:

KAA ASCOLTA BALOO E BAGHEERA

MANG IL PIPISTRELLO

5 PESCIOLINI

IKKI IL PORCOSPINO

UN COLEOTTERO COLORATO

JACALA IL COCCODRILLO

UNA GROSSA TARANTOLA

FERAO, IL PICCHIO ROSSO

CHIL L'AVVOLTOIO RIPOSA

OO LA TARTARUGA

La città perduta

Intanto Mowgli scopre di essere alle Tane Fredde, la città perduta dove vivono le scimmie, il Popolo senza Legge... Urlano eccitate, e a centinaia fanno a gara per vedere il Cucciolo d'Uomo.
Le scimmie sono sempre più rumorose e caotiche: una delle scimmie fa un discorso, mentre altre scimmie cantano canzoni senza senso!
Mowgli spera che i suoi amici arrivino presto a salvarlo...

Cerca e trova:

MOWGLI CONFUSO DAL FRASTUONO

UNA SCIMMIA TIENE UN DISCORSO

UNA SCIMMIA TESTA IN GIÙ

UNA SCIMMIA LADRA

UNA SCIMMIA FA LA STATUA

3 SCIMMIE CHE CANTANO

UNA SCIMMIA AFFAMATA

UN PAPPAGALLO

UNA SCIMMIA FA LA LINGUA

5 SCIMMIETTE CUCCIOLE

Lezione alle scimmie

Povero Mowgli, è stanco e affamato, ma le scimmie vogliono imparare a intrecciare rami per ripararsi dalla pioggia! Mowgli cerca di insegnarglielo, ma dopo poco già le scimmie non lo ascoltano più, preferiscono giocare e far confusione. Mowgli vuole tornare alla tana, da Babbo e Mamma Lupa...
Intanto Kaa scivola silenzioso tra le rovine, Bagheera si nasconde nell'ombra pronta al balzo, e Baloo aspetta un cenno per attaccare...

Cerca e trova:

MOWGLI CHE INTRECCIA I RAMI

UNA SCIMMIA FELICE

5 STATUE DI SCIMMIE

CHIL L'AVVOLTOIO SPIA BEN NASCOSTO

MANG È IN ATTESA...

KAA È PRONTO

UNA SCIMMIA SI ARRAMPICA

BAGHEERA È APPOSTATA

2 PAIA DI OCCHIALI

BALOO BRONTOLA NERVOSO

All'attacco!

Bagheera si lancia ruggendo, Baloo si butta nella mischia rumorosamente e battendo le zampe, Kaa ipnotizza le scimmie.
Nel frattempo un scimmia prende Mowgli e lo butta nella fossa dei serpenti. Ma Mowgli conosce la lingua del Popolo Velenoso, e i cobra non lo attaccano.
Poco dopo centinaia di scimmie fuggono terrorizzate. Kaa aiuta Mowgli a uscire dalla fossa, e lui si arrampica sulla schiena di Baloo.
Poi i tre, recuperato Mowgli, se ne vanno dalle Tane Fredde...

Cerca e trova:

MOWGLI IN FUGA

LA FOSSA DEI SERPENTI

BAGHEERA ATTACCA RUGGENDO

BALOO ALL'ATTACCO

CHIL OSSERVA DALL'ALTO

TABAQUI GUARDA SBIGOTTITO

MANG IL PIPISTRELLO

UNO STORMO DI PAPPAGALLI

KAA IPNOTIZZA LE SCIMMIE

UNA SCIMMIA IPNOTIZZATA

Il Fiore Rosso

Shere Khan è pronto a tornare per la vendetta. Solo il Fiore Rosso potrà proteggere Mowgli dalla Tigre, e Bagheera gli dice dove trovarlo: il Fiore Rosso è il fuoco, e Mowgli potrà prenderlo al vicino villaggio degli uomini. E appena scende la notte, Mowgli va al villaggio e prende un vaso di tizzoni ardenti...

Cerca e trova:

MOWGLI PRENDE IL FIORE ROSSO

5 FUOCHI NEL VILLAGGIO

BALOO SI È APPOSTATO

UN TAGLIALEGNA AL LAVORO

BAGHEERA BEN NASCOSTA

2 BIMBI ALLA FINESTRA

SHERE KHAN LA TIGRE

UN UOMO DEL VILLAGGIO

AKELA PRONTO A PROTEGGERE MOWGLI

TABAQUI OSSERVA TUTTO

La roccia del consiglio

Shere Khan irrompe nel consiglio seguito da tutti i lupi del branco che non vogliono che Mowgli sia il capobranco. Mowgli lo affronta: Shere Khan si avventa per attaccare, Mowgli agita la torcia accesa. Spaventato dal fuoco, Shere Khan fugge, e con lui tutti i lupi tranne Babbo e Mamma Lupa e i suoi fratelli lupi. Mowgli sa che scacciato dal branco dovrà lasciare la giungla...

Cerca e trova:

MOWGLI ARRABBIATO

SHERE KHAN FURIOSA

BALOO IMPAURITO

LE BRACI RUBATE AL VILLAGGIO

BAGHEERA PREOCCUPATA

TABAQUI TERRORIZZATO

AKELA SI ALLONTANA

MAMMA LUPA È TRISTE

UN LUPO IN FUGA

BABBO LUPO È DISPIACIUTO

Al villaggio degli uomini

Mowgli va al villaggio degli uomini, dove impara tante cose sulla vita dei suoi simili e lavora: accudisce i bufali.
Ma il branco di lupi gli manca, e Mowgli manca ai suoi fratelli lupi.
Baloo, Bagheera, Akela e Fratello Bigio vanno a trovarlo in segreto...

Cerca e trova:

MOWGLI IMPARA DAI SUOI SIMILI

UNA RAGAZZA PORTA UNA BROCCA D'ACQUA

FRATELLO BIGIO

AKELA GLI STA VICINO SENZA FARSI VEDERE

UN CESTO DI PAPAIA

LA TIGRE LO SEGUE

UNA CASSA DI NOCI

UN ARCO PER LA CACCIA

UNA COLLANA DI FIORI

2 CANNE DA PESCA

La sconfitta di Shere Khan

Shere Khan sta per attaccare Mowgli, vuole ucciderlo, ma Akela e fratello Lupo corrono in suo aiuto.
Mowgli ha un piano: guidare i bufali nel letto secco del fiume, dove ogni giorno Shere Khan riposa dopo il pasto. Così fa, e Shere Khan finisce travolto dalla mandria.
La tigre è sconfitta, e Mowgli decide di tornare nella giungla.

Cerca e trova:

MOWGLI GUIDA I BUFALI

UNA SORELLA LUPA DI MOWGLI

AKELA LO AIUTA!

UN UOMO DEL VILLAGGIO INDICA LA TIGRE

BALOO È CON MOWGLI

TABAQUI È SPAVENTATO

UN UOMO DEL VILLAGGIO SALUTA MOWGLI

SHERE KHAN È SCONFITTA!

UN PICCOLO BUFALO

ARRIVA ANCHE BAGHEERA!

Il ritorno nella giungla

Mowgli ritorna felice nella sua giungla, I suoi fratelli lupi ululano di benvenuto, Hathi l'Elefante barrisce di gioia, e anche Chil l'Avvoltoio lo saluta, Kaa fa un sibilo di benvenuto, Baloo balla contento e Bagheera "fa le fusa"!
E Mowgli promette a tutti i suoi amici che rimarrà con loro nella giungla per sempre..

Cerca e trova:

MOWGLI È FELICE!

HATHI BARRISCE CONTENTO

KAA FA UN SIBILO DI BENVENUTO

2 PAPPAGALLINI SI DANNO UN BACIO

BAGHEERA FA "LE FUSA"!

MOWGLI HA 4 NUOVI FRATELLINI!

FRATELLO BIGIO ULULA FELICE...

...AKELA INVECE DORME!

CHIL VOLA CONTENTO...

...E BALOO CANTA E BALLA DI GIOIA!

L'ATTACCO DELLA TIGRE

IL CONSIGLIO DEI LUPI

MOWGLI, IL CUCCIOLO D'UOMO

LA LEGGE DELLA GIUNGLA

SCIMMIE DISPETTOSE!

KAA IL PITONE

LA CITTÀ PERDUTA

LEZIONE ALLE SCIMMIE

ALL'ATTACCO!

IL FIORE ROSSO

LA ROCCIA DEL CONSIGLIO

AL VILLAGGIO DEGLI UOMINI

LA SCONFITTA DI SHERE KHAN

IL RITORNO NELLA GIUNGLA